CARRÉS DE JARDIN

# rebords de fenêtres fleuris

JOANNA SMITH

MARABOUT

# SOMMAIRE


## Introduction

Choisir le contenant ........ 4
Supports de culture ........ 6
Plantations en pot ........ 8
Paniers suspendus ........ 12
Soigner ses plantations ........ 16

## Compositions

Corbeille de bulbes ........ 18
Le printemps à la fenêtre ........ 20
Perfection en rose ........ 22
Bleu vif ........ 24
Flamboiement écarlate ........ 26
Soleil d'été ........ 28
Variation en rose et bleu ........ 30
Cascade rouge et jaune ........ 32
Semis de fleurs ........ 34
Incandescence ........ 36
Jeu de feuilles ........ 38
Bleu, blanc, rouge ........ 40
L'été en rose ........ 42
Feux d'automne ........ 44
Merveilles de l'hiver ........ 46
Vert galant ........ 48
Soleil d'hiver ........ 50
Rondeurs succulentes ........ 52
Buisson d'aromates ........ 54
Des fraises au balcon ........ 56
Potager suspendu ........ 58

56

34

24

26

38

52

54

20

46

# CHOISIR LE CONTENANT

Pots, bacs et jardinières se déclinent dans toutes les tailles et toutes les formes, l'essentiel étant qu'ils offrent assez de place pour le terreau. Voici quelques astuces pratiques et esthétiques pour en faciliter le choix.

## La taille

La taille du pot dépend en grande partie de l'emplacement prévu. Dans l'ensemble, un nombre limité de grandes jardinières fait meilleur effet qu'une profusion de petits pots. En outre, bien sûr, elles sont plus faciles à entretenir car les arrosages et les apports d'engrais sont moins fréquents dans un volume de terre plus important.

## La matière

La matière, terre cuite, terre vernissée, bois ou fer galvanisé, est fonction du style de la demeure, maison ou immeuble, contemporain, classique ou campagnard. Néanmoins, les pots doivent aussi répondre à des critères pratiques. Tout d'abord, la matière est-elle poreuse ou non ? Dans un pot en terre cuite, le support de culture se dessèche rapidement et ne convient donc pas à des plantes aimant l'humidité telle l'hosta, mais il fera le bonheur des plantes de rocailles qui détestent l'humidité. Chemiser d'un film plastique un pot poreux permet de limiter l'évaporation. D'ailleurs, les caisses en bois risquent de pourrir si elles ne sont pas protégées par un film plastique ou traitées avec un produit hydrofuge. Dans tous les cas, leur durée de vie est limitée.

## La forme

Le principal critère pour choisir un pot est le volume de terre – moins il en contient, plus il donne de travail. Voici quelques points à retenir :

- Les coupes contiennent moins de terre que les bacs plus profonds.
- Les bacs et jardinières placés sur les rebords des fenêtres sont souvent étroits et peu profonds. Étant donné la faible quantité de terre, les arrosages et les apports d'engrais seront plus fréquents.
- Les paniers suspendus contiennent assez peu de terre et, s'ils ne sont pas doublés d'un film plastique, ils se dessèchent très vite.

Le fond des pots doit être perforé. Au besoin, percez d'autres trous.

# SUPPORTS DE CULTURE

Le type et la qualité du substrat peuvent faire la différence entre le succès et l'échec, entre des plantes saines, touffues et couvertes de fleurs et une composition décevante au feuillage anémié et à la floraison réduite.

## Les terreaux

Les deux principaux types de substrat sont les uns à base de terre, les autres sans terre.

- Les premiers sont destinés aux plantations permanentes car ils sont lourds (les plantes ne risquent pas de basculer) et bien drainants (d'où une bonne aération). Ils libèrent lentement les nutriments et, grâce à leur bonne structure, résistent à l'épreuve du temps.
- En général à base de tourbe, les substrats sans terre s'adressent aux compositions temporaires. Ils sont légers et faciles à employer, mais se défont assez vite et se tassent. Ils ne retiennent pas bien les nutriments, ce qui impose des apports d'engrais plus fréquents, et ils tendent à s'engorger par temps humide et à

s'assécher vite par temps sec. Pour les plantations temporaires dans un bac, l'idéal est un mélange à parts égales de terreau à base de terre et de substrat sans terre pour profiter de leurs avantages et se simplifier la vie. Le premier apporte drainage et stabilité, le second accroît la rétention d'humidité. Essayez de trouver un substrat sans terre écologique, c'est-à-dire sans tourbe, pour ne pas contribuer à la disparition des tourbières.

En raison de sa composition, la terre de bruyère (acide) est idéale pour les plantes acidophiles telles que les rhododendrons et les bruyères, qui ne se plairaient pas du tout dans un terreau universel.

## Les petits plus

Certaines plantes réclament des soins supplémentaires. Fougères et hostas, par exemple, adorent les terreaux humides et se porteront mieux avec des apports – un tiers du volume – de fumier ou de compost de jardin bien décomposé, qui améliorent la rétention d'eau.

Par contre, les plantes pour rocailles et les succulentes préfèrent les substrats extrêmement drainants, composés d'environ une part de perlite pour deux parts de terreau standard.

# PLANTATIONS EN POT

Pour garnir une jardinière, la méthode élémentaire ne change pas, quels que soient le conteneur, le terreau et les plantes. Vous avez tout intérêt à prendre votre temps afin que les plantes puissent démarrer dans les meilleures conditions possibles.

❶ Commencez par bien arroser les plantes afin que l'eau imbibe toute la motte. Disposez des cailloux ou des tessons au fond du pot pour empêcher le terreau de partir avec l'eau des arrosages. Commencez à remplir le pot de terre, en tassant légèrement. Placez la plante la plus grande, toujours dans son conteneur, sur le terreau, pour vérifier le niveau. Le sommet de la motte doit se trouver à 4 cm au-dessous du bord du conteneur. Rectifiez si nécessaire.

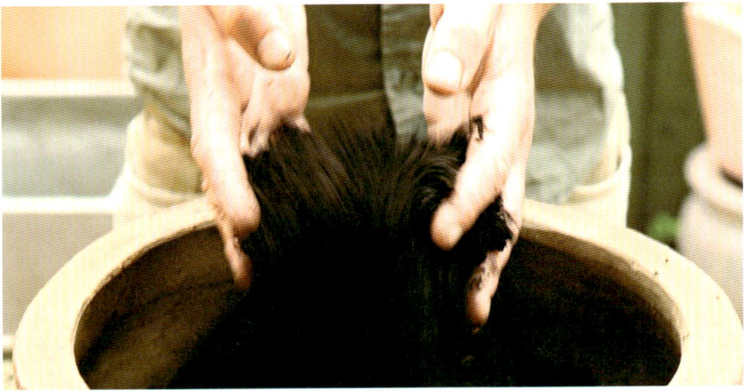

❷ Étudiez votre composition, les plantes étant encore dans leurs pots. Déplacez-les jusqu'à ce que vous ayez trouvé la disposition idéale. Pour un arrangement temporaire, serrez-les au maximum afin qu'elles produisent tout de suite le plus d'effet possible. Dans le cas d'une plantation permanente, espacez-les pour leur donner la place de pousser. Quand vous êtes satisfait, dépotez les plantes : retournez les pots et retenez la terre avec les doigts, de chaque côté de la plante.

❸ Rajoutez de la terre dans le pot, en la tassant légèrement autour des racines. Le sommet des mottes devrait se retrouver au niveau du sol. Tassez-le entre les plantes pour éviter les creux. Pour faciliter les arrosages, laissez un écart de 4 cm entre le substrat et le bord du pot.

❹ Si vous le souhaitez, déposez une couche de perlite ou de gravier. Ce paillis étouffe les mauvaises herbes, retient l'humidité et ajoute une note décorative, très importante si l'on aperçoit la terre entre les plantes. Arrosez généreusement, mais en fine pluie avec un arrosoir muni d'une pomme pour ne pas défoncer la surface.

# PANIERS SUSPENDUS

Les paniers suspendus présentent soit des parois pleines, où les plantations se font comme dans un pot normal, soit des parois évidées, que les plantes peuvent traverser. Voici comment planter le second type.

❶ Tout d'abord, tapissez le panier pour retenir le terreau. Au fur et à mesure du remplissage, posez de la mousse, de la fibre de coco ou une fibre synthétique. Sinon, tapissez le panier avec un morceau d'un seul tenant de toile de jute, de carton moulé ou d'une doublure pour paniers suspendus, que vous devrez perforer pour laisser passer les plantes. Disposez une petite soucoupe au fond du panier pour retenir l'humidité.

❷ Placez un peu de terreau au fond et commencez à planter le niveau inférieur, en faisant passer les feuilles de l'intérieur vers l'extérieur. Rajoutez du terreau, tassez-le autour des mottes, puis plantez le deuxième niveau. Continuez jusqu'à ce que vous ayez garni les côtés sur toute leur hauteur.

❸ Une fois le panier rempli, garnissez le sommet avec les dernières plantes et tassez légèrement pour ne pas laisser de poches d'air. Le terreau doit former une légère cuvette au milieu pour faciliter les arrosages. Arrosez généreusement, mais en fine pluie.

❹ Introduisez éventuellement des bâtons ou des billes d'engrais. Ils nourrissent les plantes lentement, mais sûrement. C'est une bonne idée, car les paniers suspendus contiennent beaucoup de plantes par rapport au volume de terre.

# SOIGNER SES PLANTATIONS

Les plantes en pots dépendent totalement de vous pour l'eau et les nutriments, qu'elles ne peuvent pas prélever dans la terre du jardin.

## LES ENGRAIS

Les exigences des plantes varient considérablement.
Les arbustes et les vivaces disposant d'une bonne quantité de terre se contenteront d'une dose annuelle d'engrais à diffusion lente. Au printemps, vous pouvez incorporer un peu d'engrais en granulés.

Les annuelles, les vivaces à croissance rapide cultivées pour leurs fleurs et les légumes ont besoin d'apports réguliers pour soutenir leur végétation et la production de fleurs et de fruits. Les engrais liquides sont faciles à utiliser : il suffit de verser la dose requise dans l'eau d'arrosage. Sinon, piquez des bâtonnets d'engrais dans le substrat au moment de la plantation. Ils nourrissent les plantes lentement, pendant plusieurs semaines.

## L'ARROSAGE

Même quand il pleut, les plantes des bacs et des jardinières reçoivent peu d'humidité et vous devez prendre l'habitude d'arroser régulièrement.
Songez à installer un système d'arrosage automatique, avec un minuteur, si vous avez beaucoup de pots mais peu de loisirs. Vérifiez que le haut du substrat se trouve à au moins 2,5 cm en dessous du bord du conteneur pour pouvoir bien l'imbiber d'eau.

## LES FLEURS FANÉES

Pour perpétuer la floraison, il est essentiel de couper les fleurs fanées de la plupart des vivaces au fur et à mesure. Une annuelle, dès qu'elle grène, a achevé sa mission, arrête de fleurir et meurt. Continuez à ôter les fleurs fanées pour l'inciter à en produire davantage.

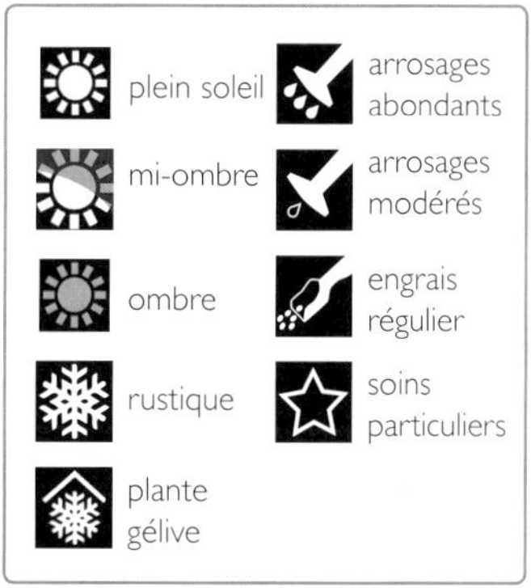


## LE REMPOTAGE

Les plantes qui poussent dans des pots et des bacs se sentent à l'étroit au bout d'un an ou deux. Sortez-les du pot, défaites les racines extérieures pour enlever le vieux terreau et rempotez-les dans un substrat frais. Placez-les dans un conteneur un peu plus grand, si nécessaire.

# CORBEILLE DE BULBES

Ce panier suspendu tout simple en rotin est garni de crocus jaune d'or et d'élégantes tulipes 'Stresa' jaunes et rouges. Il apporte un rayon de soleil et une note de gaieté au début du printemps.

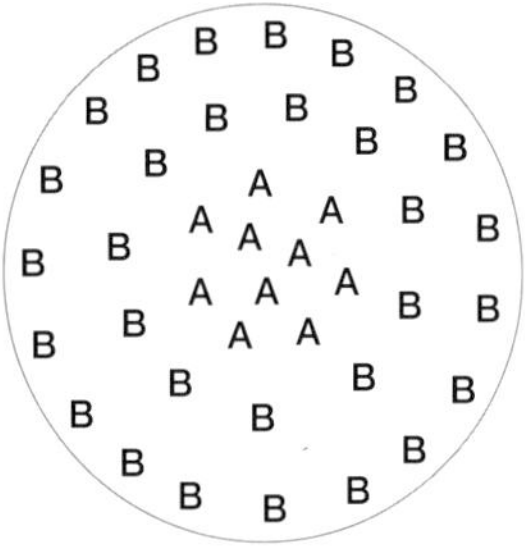


NOTRE SÉLECTION

**A** 10 oignons de *Tulipa* 'Stresa'

**B** 30 oignons de *Crocus ancyrensis*

**AUTRES COMPOSITIONS** une harmonie en rose et en violet avec des tulipes rose foncé 'Pink Diamond' et des crocus violets 'Ruby Giant'.

## MÉMO

Faites vos plantations en automne. Chemisez le panier avec du polythène et percez quelques trous. Remplissez de terreau bien drainant jusqu'à 15 cm du bord, puis répartissez les bulbes de tulipes, la pointe tournée vers le haut. Rajoutez 8 cm de terre et disposez les crocus sur le pourtour. Remplissez de terreau jusqu'à 2,5 cm du haut, et tassez légèrement.

Le substrat doit rester juste humide en hiver. Après la floraison, repiquez les bulbes dans le jardin et remplacez-les par d'autres fleurs.

# LE PRINTEMPS À LA FENÊTRE

Joyeuse et vivement colorée, cette jardinière posée près d'une fenêtre fera oublier les mauvais jours.

NOTRE SÉLECTION

**A** 15 bulbes de *Tulipa* 'Peach Blossom'
**B** 15 bulbes de *Narcissus*
**C** 15 pieds de *Primula vulgaris* (primevère des jardins)
**D** 4 bulbes de *Scilla siberica* (scille de Sibérie)

| | | | | | | | | | | | | |
|---|---|---|---|---|---|---|---|---|---|---|---|---|
| B | A | B | B | C | B | A | B | B | A | B | A | B |
| C | C | A | A | B | C | C | A | B | A | B | C | A |
| A | B | C | C | C | B | A | C | C | A | C | | |
| C | C | A | D | A | B | D | D | C | D | B | A | |

AUTRES COMPOSITIONS une composition toute en jaune, avec des tulipes jaunes telles que les 'Monte Carlo' (doubles) ou l'élégante 'Sweet Harmony', des narcisses jaune d'or et des primevères assorties.

## MÉMO

Plantez la jardinière en automne, dans un support de culture bien drainant pour potées. Garnissez de terreau jusqu'à 15 cm du rebord puis disposez les tulipes et les narcisses. Rajoutez 12,5 cm de terre, tassez légèrement et placez les primevères. Avec un doigt, faites deux trous de 5 cm et piquez dedans les scilles, la pointe du bulbe tournée vers le haut. Remplissez les trous de terre.

Le terreau doit rester tout juste humide en hiver. Une fois la floraison finie, repiquez les bulbes et les primevères dans le jardin.

# PERFECTION EN ROSE

Cette adorable jardinière patinée par le temps présente de superbes tulipes à fleurs de pivoines et des renoncules rose indien, qui embellissent les derniers jours du printemps.

NOTRE SÉLECTION

**A** 10 bulbes de tulipes doubles tardives, telles qu'"Angélique' ou 'Maywonder'

**B** 8 renoncules roses des jardins

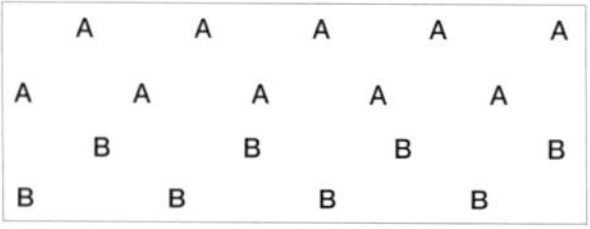


**AUTRES COMPOSITIONS** une harmonie surprenante de renoncules orange ou jaune vif et de tulipes 'Golden Artist', fleur d'un orange soutenu veiné de vert sur le revers des pétales ou une 'Allegretto', grande tulipe double, d'un rouge et d'un orange intense.

## MÉMO

Plantez la jardinière en automne, dans du terreau bien drainant et retenant l'humidité. Remplissez-la de terreau jusqu'à 15 cm du bord et disposez dessus les bulbes de tulipes, les pointes vers le haut. Ajoutez 10 cm de terreau et tassez légèrement. Plantez les renoncules sur le devant.

Le terreau doit rester juste humide tout l'hiver. Après la floraison des tulipes, versez un engrais liquide. Jetez les renoncules quand elles ont cessé de fleurir et repiquez les tulipes dans le jardin.

# BLEU VIF

Le bleu vif des muscaris ressort sur les jeunes feuilles vert citron du millet étalé. Après la floraison des muscaris, il remplit le panier d'un feuillage souple et lumineux jusqu'en automne.

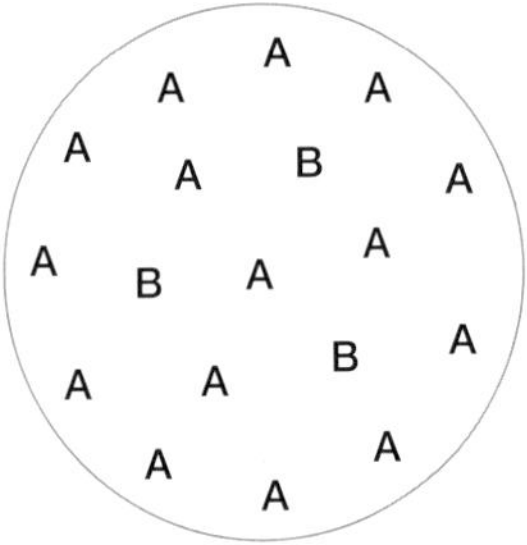


NOTRE SÉLECTION

**A** 15 bulbes de *Muscari armeniacum*

**B** 3 *Milium effusum* 'Aureum' (millet étalé)

**Autres compositions** des muscaris blancs (*Muscari botryoides* 'Album') sur un lit de feuilles noires d'*Ophiopogon planiscapus* 'Nigrescens'.

## MÉMO

Plantez en automne, dans du terreau retenant l'humidité. Disposez d'abord les pieds de millet étalé, puis piquez les muscaris dans le substrat, en tournant vers le haut la partie convexe et plus pointue. Les bulbes doivent se trouver environ 5 cm sous terre.

Maintenez une légère humidité en hiver. À la fin de la floraison, donnez de l'engrais liquide.

# FLAMBOIEMENT ÉCARLATE

Cette spectaculaire cascade de fleurs rouge vif ne manquera pas d'attirer les regards en été. Pour en amplifier l'effet, installez le panier suspendu devant un mur blanc ou une rambarde vert foncé.

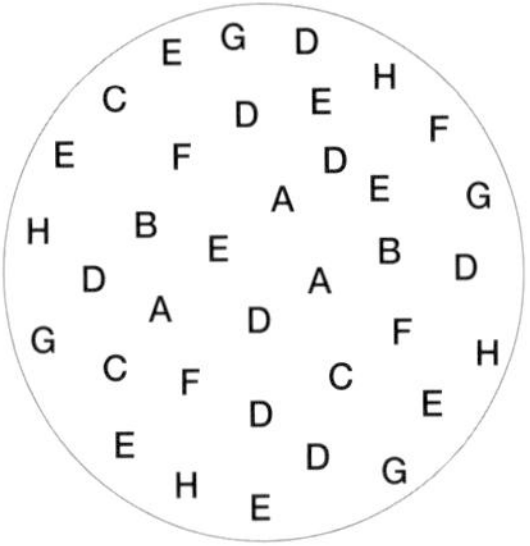


NOTRE SÉLECTION

**A** 3 *Pelargonium* Belle Cascade 'Red' (géraniums)
**B** 2 *Antirrhinum* Bells 'Red' (muflier)
**C** 3 *fuchsias* 'Marinka'
**D** 8 *Pétunias* 'Surfinia Red'
**E** 8 *Diascia barberae* 'Ruby Field'
**F** 4 *Lobelia* 'Rosamund'
**G** 4 *Verbena* Sandy 'Red'
**H** 4 *Glechoma hederacea* 'Variegata'

**AUTRES COMPOSITIONS** la même sélection dans une jardinière placée devant une fenêtre et faites retomber les fleurs gracieusement sur le mur.

## MÉMO

Plantez à la fin du printemps, une fois passé tout risque de gel, dans un substrat retenant l'humidité et ajoutez-y des cristaux de gel humidificateur.

Piquez des bâtonnets d'engrais dans le terreau pour nourrir cette multitude de fleurs, qui auront besoin d'apports généreux pour bien pousser et fleurir. Arrosez régulièrement et coupez les fleurs fanées afin de stimuler la floraison.

# SOLEIL D'ÉTÉ

Cette jardinière aux couleurs du soleil est garnie de plantes aux tons assortis, anthémis dont les fleurs ressemblent aux marguerites, œillets d'Inde et némésias. Leur feuillage bleu-vert offre un agréable contraste avec tous ces jaunes.

NOTRE SÉLECTION

**A** 1 *Argyranthemum* 'Schöne von Nizza' (anthémis)
**B** 1 pied de *Tagetes* (œillet d'Inde)
**C** 1 *Nemesia* 'Nemesis Orange'
**D** 2 *Helichrysum petiolare* 'Silver Mini'

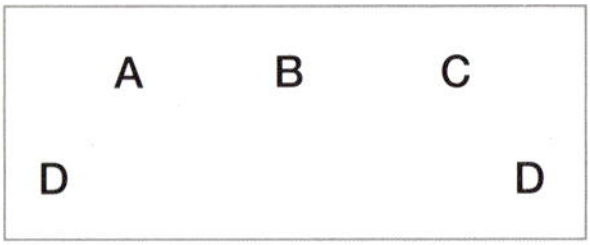


**AUTRES COMPOSITIONS** de restreindre encore plus la palette en plantant des némésias jaunes. Associez-les à des *Helichrysum petiolare* 'Limelight'.

## MÉMO

Plantez au printemps, après la fin des gels, dans un terreau bien drainant et retenant l'humidité. Placez la jardinière au soleil et veillez à ce que le substrat reste juste humide.

Donnez de l'engrais liquide toutes les deux semaines pendant la floraison. Ôtez les fleurs fanées des anthémis et des œillets d'Inde pour prolonger la floraison.

# VARIATION EN ROSE ET BLEU

Cette jardinière blanche toute simple est garnie de délicieuses vivaces aux tons de rose, bleu et mauve qui fleurissent tout l'été. Choisissez une verveine bien touffue et bordez de lobélies pour former des coussinets florifères.

NOTRE SÉLECTION

**A** 2 pieds de *Salvia farinacea* (sauge farineuse)
**B** 3 *Campanula carpatica*
**C** 2 pieds de *Lobelia erinus*
**D** 1 *Verbena* Sandy 'Pink'

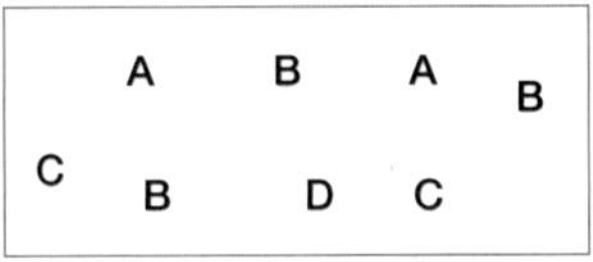


**Autres compositions** une jardinière tout en bleu en remplaçant la verveine rose par un pied de *Scaevola aemula*. Cette rampante s'agrémente de jolies fleurs bleues en éventail qui durent tout l'été et jusqu'aux abords de l'automne.

## MÉMO

Plantez à la fin du printemps, après les gels. Pour cette jardinière, utilisez du compost retenant l'humidité.

Piquez des bâtons d'engrais pour assurer un approvisionnement suffisant et encourager la floraison. Coupez régulièrement les fleurs fanées.

# CASCADE ROUGE ET JAUNE

Ici, nous avons chemisé de mousse un bac en métal et l'avons garni d'un fouillis joyeux de fleurs d'été à port tapissant. Une profusion de fleurs et de feuilles lumineuses aux rouges, orange et jaunes chaleureux.

NOTRE SÉLECTION

**A** 6 *Mimulus aurantiacus*
**B** 4 pieds de *Tropaeolum* (capucines naines)
**C** 3 pieds de *Diascia*
**D** 1 pied de *Phygelius*
**E** 1 pied de *Fuchsia*
**F** 3 tubercules de *Begonia*
**G** 1 *Bidens ferulifolia*
**H** 1 pied de *Gazania*
**I** 3 pieds de *Verbena*
**J** 2 pieds de *Pelargonium* (géranium)
**I** 1 *Lysimachia nummularia* 'Aurea' (lysimaque nummulaire)

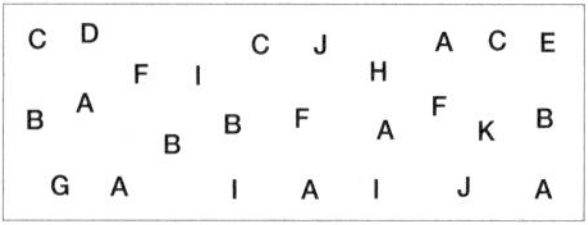


**AUTRES COMPOSITIONS** la même combinaison végétale, mais dans un panier suspendu. Ces plantes étant toutes à port tapissant, elles conviennent bien à ce type de conteneur.

## MÉMO

Faites démarrer les tubercules de bégonias dans des petits pots à la fin de l'hiver. Plantez-les séparément, dans un terreau retenant l'eau, posez-les sur un rebord de fenêtre ensoleillé et maintenez une certaine humidité. Garnissez le bac à la fin du printemps, après les derniers gels. Doublez-le de mousse, remplissez-le de terreau retenant l'eau et ajoutez quelques cristaux de gel humidificateur. Disposez les plantes sur le sommet et les côtés du bac, comme s'il s'agissait d'un panier suspendu.

Arrosez tous les jours car la terre se dessèchera vite.

# SEMIS DE FLEURS

Une profusion de fleurs aux jolis tons de pastel roses et violets, agrémentées des élégantes feuilles panachées des géraniums, jaillit d'une jardinière blanche en bois. La simplicité d'un mur blanc met en valeur cette composition pointilliste.

NOTRE SÉLECTION

**A** 3 *Pelargonium* 'Frank Headley'
**B** 2 *Helichrysum petiolare*
**C** 3 pieds de *Fuchsia*
**D** 5 pieds de *Diascia* (2 rose pâle, 3 rose foncé)
**E** 10 pieds de *Lobelia erinus*
**F** 4 *Glechoma hederacea* 'Variegata'

| | | | | | | | | |
|---|---|---|---|---|---|---|---|---|
| E | A | B | E | A | E | B | A | E |
| E | D | E | E | D | E | E | D | E |
| F | C | D | F | C | F | D | C | F |

**AUTRES COMPOSITIONS** d'autres géraniums à feuilles élégantes tels que 'Mont Blanc', qui porte des feuilles blanches, argentées et vertes et des fleurs blanches, ou 'Pink Dolly Varden', aux fleurs roses et aux feuilles panachées de rose, vert et blanc crème.

## MÉMO

Faites les plantations à la fin du printemps, après les derniers gels, dans un substrat bien drainant. Prenez absolument des lobélies à port tapissant pour réussir l'effet.

Veillez à maintenir une certaine humidité et donnez de l'engrais liquide régulièrement afin de prolonger la floraison jusqu'en automne. Coupez les géraniums fanés pour les faire refleurir.

# INCANDESCENCE

Cette jardinière jaune se moque des règles de l'harmonie des couleurs et propose un mélange iconoclaste mais très réussi de tons chauds de roses, orange et rouges.

NOTRE SÉLECTION

**A** 2 *Zinnia elegans* 'Thumbelina'
**B** 1 pied de *Tagetes* (œillet d'Inde)
**C** 2 *Verbena* Sandy 'Scarlet'
**D** 2 *Salvia splendens* (sauge splendens)
**E** 2 *Calibrachoa* Celebration 'Fire'

| | | | | | | |
|---|---|---|---|---|---|---|
| A | | D | | D | | A |
| | | | B | | | |
| E | | C | | C | | E |

**AUTRES COMPOSITIONS** remplacez les calibrachoas et les verveines par un charmant couvre-sol assez proche de la verveine, *Lantana camara*. Ses fleurs offrent un mélange capiteux de rose indien et d'orange, tout à fait idéal avec d'autres couleurs chaudes.

## MÉMO

Garnissez la jardinière à la fin du printemps, après les derniers gels, dans un terreau bien drainant et retenant l'humidité.

Veillez à maintenir l'humidité et apportez de l'engrais liquide tous les 15 jours. Enlevez les fleurs fanées pour que les plantes refleurissent.

# JEU DE FEUILLES

Cette jardinière est une démonstration réussie que le feuillage peut séduire tout autant qu'une composition florale. La sélection porte sur des plantes aux allures très diverses – lancéolé, buissonnant, tapissant – agrémentées de boucles et de stries qui renforcent le tableau.

NOTRE SÉLECTION

**A** 2 pieds de *Pelargonium* (géranium zonal à jolies feuilles)
**B** 2 pieds de *Solenostemon* (coléus)
**C** 2 pieds de *Phormium tenax* (lin de Nouvelle-Zélande)
**D** 1 *Chamaecyparis pisifera* 'Filifera' (faux cyprès)
**E** 2 *Plectranthus forsteri* 'Marginatus'
**F** 2 pieds d'*Hypoestes*
**G** 2 pieds d'*Iresine herbstii*
**H** 2 *Helichrysum petiolare* 'Limelight'
**I** 2 pieds d'*Hedera helix* (lierre)

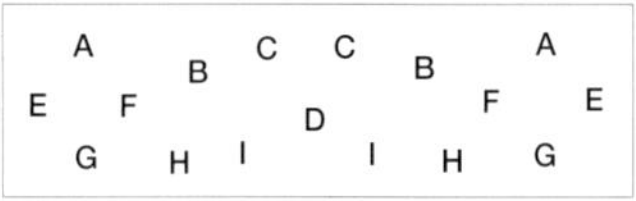


**AUTRES COMPOSITIONS** une variation en rose, violet et argenté avec un *Phormium* 'Dazzler' à feuilles roses, un coléus violet tel que 'Palisandra', un *Helichrysum* argenté et un *Plectranthus argentatus*, ainsi qu'un pélargonium rose et blanc crème comme 'Miss Burdett Coutts'.

## MÉMO

Préparez cette jardinière à la fin du printemps, après les derniers gels, et utilisez du terreau bien drainant et retenant l'humidité. Enfoncez dedans des bâtonnets d'engrais pour plantes à feuilles, qui se chargeront de les nourrir.

Le substrat doit rester humide, étant donné le nombre de plantes. À la fin de la saison, repiquez dans le jardin le lin de Nouvelle-Zélande et le faux cyprès, qui sont rustiques.

# BLEU, BLANC, ROUGE

Ces trois jolies fleurs d'été aux couleurs contrastées – verveines rouges, lobélies bleues et calibrachoas blanches – remplissent si bien le panier suspendu en plastique, très ordinaire, qu'on ne le voit plus.

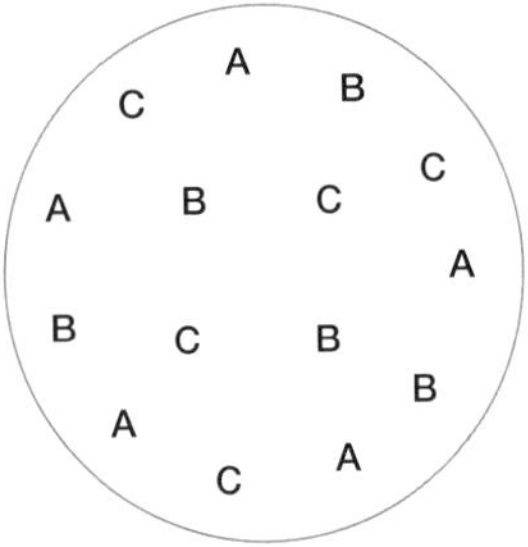


NOTRE SÉLECTION

**A** 5 *Verbena* Flamenco 'Dark Red'
**B** 5 *Lobelia erinus* 'Blue Star'
**C** 5 *Calibrachoa* Celebration 'White'

Autres compositions des marguerites bleues *(Felicia amelloides)* à la place des lobélies si vous préférez un bleu plus affirmé. Elles ressemblent aux *Brachyscome*, mais s'en distinguent par un bleu plus franc.

## MÉMO

Plantez le panier suspendu à la fin du printemps, après les derniers risques de gel, et utilisez du terreau bien drainant. Pincez les premières pousses des verveines et des calibrachoas pour qu'elles s'étoffent.

Pour réduire les arrosages, choisissez si possible un panier à réserve d'eau. Apportez un engrais liquide tous les 15 jours et assurez une humidité légère et constante.

# L'ÉTÉ EN ROSE

Dans cette composition foisonnante aux tons de pastel très doux, symbole de l'été, les pélargoniums et pétunias tiennent les premiers rôles. Ici, les plantes garnissent une jardinière, mais l'effet serait tout aussi réussi dans un panier suspendu ou un pot.

NOTRE SÉLECTION

**A** 4 pieds de *Pelargonium* (géranium)
**B** 3 pieds de *Fuchsia*
**C** 2 pieds de *Diascia*
**D** 2 pieds de *Nemesia*
**E** 2 pieds d'*Impatiens*
**F** 2 *Petunia* 'Surfinia Rose Vein'
**G** 2 *Verbena* 'Tapien White'
**H** 2 pieds de *Sutera* (bacopa)
**I** 1 *Glechoma hederacea* 'Variegata'

AUTRES COMPOSITIONS d'autres fleurs roses, telles que l'ostéospermum 'Aruscha', des lobélies, des bégonias plus clairs comme 'Pink Cloud', une variété à fleurs doubles, des argyranthemums pastel tels que 'Summit Pink' ou 'Summersong Rose', à fleurs doubles, voire des mufliers *(Antirrhinum)*.

## MÉMO

Garnissez la jardinière à la fin du printemps, après les derniers gels. Prenez un terreau retenant l'humidité et ajoutez-y des cristaux de gel humidificateur. Il doit rester juste humide.

Apportez de l'engrais liquide tous les 15 jours. Coupez régulièrement les fleurs fanées pour prolonger cette floraison superbe.

# FEUX D'AUTOMNE

Cette association étonnante d'un amour en cage et de chrysanthèmes orange donne une composition étonnante aux coloris d'automne incandescents. Le jaune pâle du contenant fait ressortir les couleurs intenses du contenu.

NOTRE SÉLECTION

**A** 1 *Physalis alkekengi* (amour en cage)
**B** 2 chrysanthèmes orange
**C** 1 *Lysimachia nummularia* (lysimaque nummulaire)
**D** 1 *Ajania pacifica* 'Desert Flame'
**E** 1 *Carex oshimensis* 'Evergold' (carex)
**F** 1 *Sedum* 'Lemon Ball' (sedum)

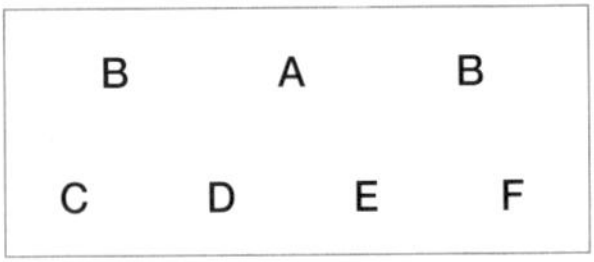


AUTRES COMPOSITIONS des chrysanthèmes jaune vif pour un thème doré. Prenez-en trois pieds et éliminez l'amour en cage.

## MÉMO

Plantez à la fin de l'été dans un terreau retenant l'humidité. Choisissez des chrysanthèmes touffus, couverts de boutons floraux. Bien que toutes les espèces soient vivaces, la potée n'est que provisoire à cause de l'espace restreint. Repiquez les plantes au jardin après la floraison et remplacez-les par une composition hivernale.

Placez la jardinière dans un endroit abrité et veillez à ce que le terreau reste juste humide. Ôtez les fleurs de chrysanthèmes dès qu'elles se fanent.

# MERVEILLES DE L'HIVER

Voici une jardinière haute en couleur pour balcon abrité, qui apportera un peu de joie par temps gris. Les cyclamens rouges, roses et blancs se dressent au-dessus d'un lit de pensées violettes.

NOTRE SÉLECTION

**A** 5 *Cyclamen*

**B** 6 pieds de *Viola* (pensées des jardins violettes)

| | | | | | |
|---|---|---|---|---|---|
| A | A | A | A | A | |
| B | B | B | B | B | B |

AUTRES COMPOSITIONS un mélange plus classique de cyclamens rouges et de pensées blanches. Ajoutez un peu de lierre panaché et faites-le retomber à l'avant.

## MÉMO

Plantez du début au milieu de l'hiver dans un terreau bien drainant. Choisissez des cyclamens rustiques, destinés à vivre dehors et non à l'intérieur. Placez la jardinière dans un endroit à l'abri de la pluie dans la mesure du possible.

Arrosez avec parcimonie, juste pour humidifier le substrat. Au printemps, jetez les plantes qui ont fini de fleurir.

# VERT GALANT

Une profusion de beaux feuillages persistants, d'élégantes fleurs d'hiver et de baies s'échappe de cette jardinière. Les fleurs parfumées du laurier-tin céderont la place à des baies noires, tandis que les petits bourgeons rouges des skimmias donneront naissance à des fleurs blanches.

NOTRE SÉLECTION

**A** 1 *Viburnum tinus* (laurier-tin)
**B** 2 pieds de *Skimmia japonica*
**C** 2 *Gaultheria procumbens* (gaulthérie couchée)
**D** 2 pieds d'*Heuchera* (heuchère)
**E** 10 pieds d'*Hedera helix* (lierre panaché)

| | | | | | | | |
|---|---|---|---|---|---|---|---|
| E | | B | | A | B | | E |
| D | | | C | | C | | D |
| E | E | E | E | E | E | E | E |

**AUTRES COMPOSITIONS** un tableau plus classique en vert et en blanc, une *Sarcococca confusa* aux fleurs blanches délicieusement parfumées au lieu des skimmias et une *Gaultheria mucronata* 'Wintertime' aux baies blanches et brillantes. Remplacez l'heuchère à feuilles bronze par une variété telle que 'Snow Storm', qui porte des feuilles vertes marbrées de blanc.

## MÉMO

Plantez en automne dans un terreau retenant l'humidité.

Arrosez régulièrement pour qu'il reste humide si la jardinière ne reçoit pas d'eau de pluie. Incorporez un peu de farine d'os ou un autre engrais à diffusion lente chaque année au printemps.

# SOLEIL D'HIVER

Cette jardinière noire est décorée de cyclamens blancs, de piments jaune d'or, de jolies feuilles panachées et de pommes d'amour qui ne tarderont pas à adopter elles aussi les couleurs du soleil.

NOTRE SÉLECTION

**A** 3 *Cyclamen*
**B** 2 *Euonymus fortunei* 'Emerald'n Gold' (fusain)
**C** 1 piment ornemental
**D** 1 *Solanum pseudocapsicum* (pommier d'amour)
**E** 3 pieds d'*Hedera helix* (lierre panaché)

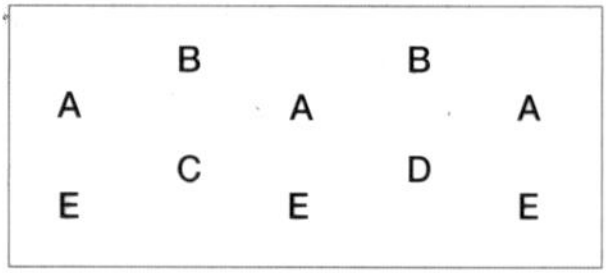


**AUTRES COMPOSITIONS** une version dans des tons rouges pour les cyclamens, le piment ornemental et le pommier d'amour. Choisissez des lierres blancs et verts et un *Euonymus fortunei* 'Emerald Gaiety' assorti.

## MÉMO

Plantez en automne, dans un terreau bien drainant. Placez la jardinière à l'abri du vent, de la pluie et du gel, l'idéal étant, en ville, un rebord de fenêtre ensoleillé.

Versez de l'engrais liquide deux mois après la plantation, dans le terreau qui doit rester juste humide. Après la floraison des cyclamens, du piment ornemental et du pommier d'amour, supprimez-les mais gardez le fusain et le lierre pour encadrer une composition printanière.

# RONDEURS SUCCULENTES

Les plantes grasses formant des rosettes se prêtent très bien aux plantations dans des paniers suspendus, que leur joli feuillage habille de tous les côtés. Ici, des *Echeveria* bleutées entourent un *Aeonium noir*, sur un tapis d'helxine qui couvre le panier pendant la croissance des autres plantes.

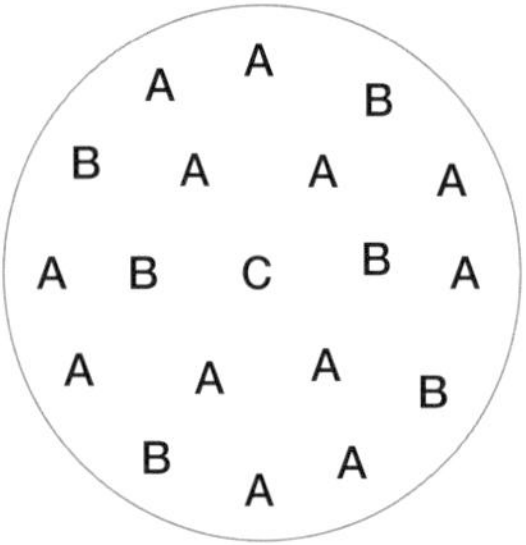


NOTRE SÉLECTION

**A** 12 *Echeveria elegans*
**B** 6 *Soleirolia soleirolii* (helxine)
**C** 1 *Aeonium* 'Zwartkop'

**Autres compositions** une variante avec des joubarbes *(Sempervivum)*, qui peuvent rester dehors toute l'année. Si vous recherchez un effet de tapisserie, choisissez-les de différentes couleurs.

## MÉMO

Plantez à tout moment de l'année, dans du terreau bien drainant. Répartissez uniformément les helxines et les *Echeveria* sur les côtés du panier et plantez *l'Aeonium* au sommet. Suspendez cette composition à l'extérieur, dans un endroit abrité et au soleil, et protégez-la du froid en hiver.

Cette installation ne demande que très peu d'eau. Ces plantes gélives ne supportent pas les températures inférieures à 10 °C, mais se plairont dans une serre ou à l'intérieur, près d'une fenêtre orientée au sud.

# BUISSON D'AROMATES

Cette jardinière sans prétention déborde de plantes aromatiques de toutes sortes. Placez-la devant une fenêtre de la cuisine pour les avoir sous la main quand vous cuisinez.

NOTRE SÉLECTION

**A** 3 plants de fraises des bois
**B** 1 pélargonium parfumé
**C** 1 lavande
**D** 3 pieds de sauge dorée
**E** 1 *Glechoma hederacea* 'Variegata'
**F** 2 mélisses officinales
**G** 2 capucines
**H** 1 camomille
**I** 1 cerfeuil musqué
**J** 1 citronnelle
**K** 1 pied de sauge panachée
**L** 1 œillet d'Inde
**M** 1 *Nepeta nervosa* (chataire nervurée)
**N** 1 pied de basilic pourpre
**O** 1 pied de ciboulette
**P** 1 pied de fenouil
**Q** 1 grande camomille

| | | | | | | | | |
|---|---|---|---|---|---|---|---|---|
| C | D | J | O | D | P | | | |
| B | F | H | I | F | A | N | Q | |
| A | E | G | D | K | L | M | A | G |

**Autres compositions** ne plantez que vos plantes aromatiques préférées. Vous avez aussi le choix entre de nombreux basilics.

## MÉMO

Plantez de jeunes plants au printemps. Choisissez un terreau retenant l'humidité et ajoutez des cristaux de gel humidificateur pour que cette jungle, plantée dans un espace aussi réduit, ne manque pas d'eau. Piquez aussi quelques bâtons d'engrais dans la terre pour les nourrir.

Arrosez dès que la terre commence à sécher. Jetez les annuelles une fois qu'elles sont finies et les vivaces qui dépérissent en hiver, et recommencez avec de nouveaux plants au printemps suivant.

# DES FRAISES AU BALCON

Les fraises cultivées dans des paniers suspendus sont faciles à récolter, ne se salissent pas et, surtout, sont hors de portée des limaces. Choisissez des fraisiers remontants pour en récolter jusqu'en automne.

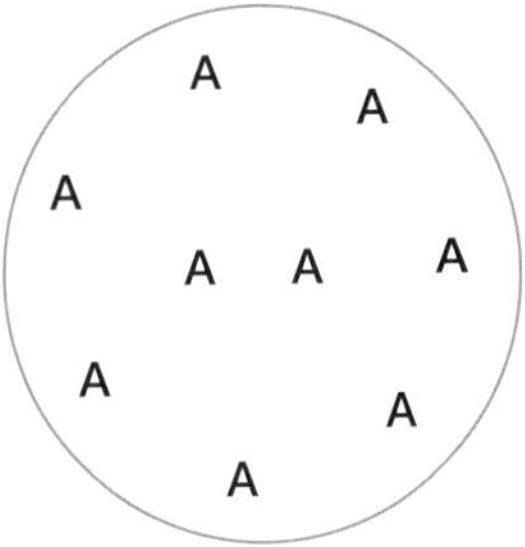


NOTRE SÉLECTION

**A** 9 fraisiers 'Aromel'

**Autres compositions** plutôt que des fraisiers remontants, une variété qui donne une récolte plus abondante, comme 'Hapil' ou 'Cambridge Favourite'.

## MÉMO

Plantez les fraisiers en automne. Les collets des plants doivent se retrouver juste à ras de terre. Choisissez un terreau retenant l'humidité, ajoutez un peu de compost de jardin et une pincée de farine d'os.

Au printemps et en été, arrosez et donnez de l'engrais régulièrement, mais évitez de mouiller les feuilles. Supprimez les stolons pour que les pieds conservent leur énergie. Cueillez les fraises dès qu'elles mûrissent. En automne, coupez le vieux feuillage et appliquez un engrais équilibré.

# POTAGER SUSPENDU

Ce mélange flamboyant de tomates jaunes et rouges, de persil frisé et de Suzanne-aux-yeux-noirs offre un spectacle remarquable dans un panier suspendu. Les petits pieds de tomates buissonnants livrent des quantités de fruits sucrés et gros comme des cerises jusqu'en automne.

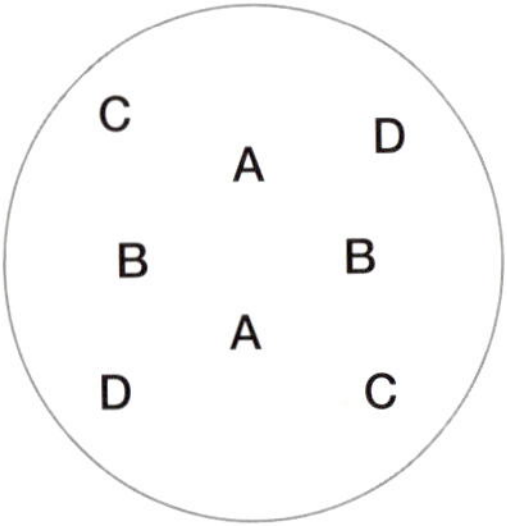


**Notre sélection**

**A** 2 *Petroselinum crispum* (persil)
**B** 2 *Thunbergia alata* (Suzanne-aux-yeux-noirs)
**C** 2 pieds de tomates 'Tumbling Tom Red'
**D** 2 pieds de tomates 'Tumbling Tom Yellow'

**Autres compositions** vous pouvez remplacer les tomates par des piments ou des poivrons. Choisissez des variétés compactes et buissonnantes comme le poivron 'Minimix', qui se couvre de petits fruits rouges, orange et verts, ou bien 'Prairie Fire', un piment rouge brûlant.

## MÉMO

Plantez vers la mi-mai après les derniers risques de gel. Utilisez un terreau riche et retenant bien l'humidité et ajoutez des cristaux de gel humidificateur. Chemisez le panier de polythène pour retenir l'humidité. Arrosez et nourrissez régulièrement les plantes pendant leur croissance.

Arrosez en permanence dès que les tomates se forment ; le manque d'eau les fait se fendre. Cueillez du persil quand vous voulez et les tomates dès qu'elles sont mûres. Jetez les plantes en automne.

Cet ouvrage est extrait de *Un balcon fleuri toute l'année* paru aux éditions Marabout, publié pour la première fois en Grande-Bretagne en 2009 sous le titre *200 Great Containers* par Hamlyn, un département de Octopus Publishing Group Ltd. 2-4 Heron Quays, Docklands, London E14 4JP.

Traduit de l'anglais par Virginie de Bermond-Gettle


Suivi éditorial : Fanny Delahaye
Maquette : Les PAOistes



Pour l'éditeur, le principe est d'utiliser des papiers composés de fibres naturelles, renouvelables, recyclables et fabriquées à partir de bois issus de forêts qui adoptent un système d'aménagement durable. En outre, l'éditeur attend de ses fournisseurs de papier qu'ils s'inscrivent dans une démarche de certification environnementale reconnue.

4103404
ISBN : 978-2-501-07594-7
Dépôt légal : février 2012
Imprimé en Espagne par Cayfosa.